(Du 1er Octobre 1720.

ORDONNANCE DU ROY,

Portant Reglement pour le Payement des Troupes de Sa Majesté.

Du premier Octobre 1720.

A PARIS,
DE L'IMPRIMERIE ROYALE.

M. DCCXX.

(Du 1er Octobre 1720.

196.

ORDONNANCE DU ROY,

Portant Reglement pour le Payement des Troupes de Sa Majesté.

Du premier Octobre 1720.

DE PAR LE ROY.

SA MAJESTE' voulant expliquer ses intentions sur le Traittement qui sera fait à ses Troupes pour leur donner moyen de s'entretenir, & estre toûjours en état de servir; SA MAJESTÉ, a, de l'avis de Monsieur le Duc d'Orleans Regent, ordonné ce qui suit.

ARTICLE PREMIER.

QUE les Bataillons d'Infanterie Françoise, à la reserve des cinq qui forment le Regiment Royal Artillerie, soient composez de neuf Compagnies chacun, y compris une Compagnie de Grenadiers; Et pour maintenir les Bataillons d'un même Regiment dans une égale force, Sa Majesté en confirmant ce qui est porté par les anciennes

Ordonnances, Veut que les Compagnies d'un Regiment de plusieurs Bataillons servent dans lesdits Bataillons suivant le rang de leurs Capitaines; que les Compagnies de Grenadiers soient mises suivant leur ancienneté à la teste du premier & des autres Bataillons dudit Regiment; que la Compagnie Colonelle, & celle du Lieutenant-Colonel demeurent au premier Bataillon; que la Compagnie du premier Capitaine soit dans le second; Et dans les Regiments où il y a trois Bataillons, que la Compagnie du second Capitaine soit dans le troisiéme, & que les autres Compagnies soient aussi distribuées suivant leur rang; Voulant Sa Majesté que le même ordre soit toûjours gardé dans tous les Regimens où il y a plusieurs Bataillons, Et que quand il vacquera une Compagnie dans un desdits Regimens, le Capitaine qui en sera pourveû prenne avec ladite Compagnie la queüe dudit Regiment, pour faire monter les autres Compagnies, afin qu'elles se trouvent dans les Bataillons où elles devront servir selon leur rang; Et comme Sa Majesté avoit esté cy-devant avertie que les Colonels des Regimens d'Infanterie prenoient deux Soldats dans les Compagnies qui venoient à y vacquer, pour servir dans leur Compagnie Colonelle, & qu'ils y en faisoient aussi prendre un pour celle des Grenadiers du Bataillon, Sa Majesté continuë la deffense qu'Elle leur a faite de prendre ni laisser prendre aucun Soldat dans les Compagnies vacantes de leurs Regimens, son Intention estant qu'elles soient remises à ceux qu'Elle en fera pourvoir, dans l'état où elles seront trouvées lorsqu'elles auront vacqué.

II.

VEUT aussi Sa Majesté, qu'il y ait toûjours dans chaque Compagnie de son Infanterie, tant Françoise qu'Etrangere, dix Outils propres à remuer la terre, que les Soldats de chaque Chambrée porteront tour à tour avec leurs armes.

III.

Compagnie ordinaire de l'Infanterie Françoise.

QUE les Compagnies desdits Bataillons François, à la reserve de celle des Grenadiers, soient composées chacune d'un d'un Capitaine en pied, d'un Capitaine en ſecond, d'un premier Lieutenant, d'un Lieutenant en ſecond ou Enſeigne, de quatre Sergens, trois Caporaux, trois Anſpeſſades, ſoixante-neuf Fuſilliers & deux Tambours, Et qu'elles ſoient payées à raiſon par jour de quarante-deux ſols au Capitaine en ſecond; de vingt-cinq ſols au premier Lieutenant; de vingt ſols au Lieutenant en ſecond ou Enſeigne; de onze ſols à chaque Sergent; de ſept ſols ſix deniers à chaque Caporal; de ſix ſols ſix deniers à chaque Anſpeſſade; & de cinq ſols ſix deniers à chaque Soldat & Tambour, la maſſe non compriſe dans ladite paye.

A l'égard du Capitaine en pied, Sa Majeſté voulant le traitter favorablement, trouve bon que pourvû que ſa Compagnie ſoit compoſée depuis ſoixante-dix-huit, juſqu'à quatre-vingt-un hommes effectifs, non compris les Officiers, il touche quatre livres ſeize ſols quatre deniers de paye par jour, & les autres avantages du complet; lorſque la Compagnie ne ſera compoſée que de ſoixante-quinze, ſoixante-ſeize & ſoixante-dix-ſept hommes, il ne recevra que quatre livres dix ſols; lorſqu'elle ſera de ſoixante-douze, ſoixante-treize, & ſoixante-quatorze, il ne recevra que quatre livres cinq ſols; lorſqu'elle ſera à ſoixante-neuf, ſoixante-dix, & ſoixante-onze, il ne recevra que quatre livres; lorſqu'elle ſera à ſoixante-ſix, ſoixante-ſept & ſoixante-huit, le Capitaine n'aura que trois livres quinze ſols, dont il ne ſera payé que de deux livres quinze ſols, & les vingt ſols de ſurplus reſteront entre les mains du Treſorier; à ſoixante-trois, ſoixante-quatre & ſoixante-cinq, il n'aura que trois livres dix ſols, dont il ne luy ſera payé que quarante ſols, les trente ſols reſtans devant demeurer entre les mains du Treſorier, ainſi que les vingt ſols cy-deſſus, pour eſtre le montant de ces retenuës remis ſuivant les ordres des Directeurs & Inſpecteurs Generaux, ſoit au même Capitaine, lorſqu'il aura reſtably ſa Compagnie, ou à celuy qui luy aura ſuccedé & qui l'aura remiſe en bon état, Et ce en conſequence de la main-levée des Directeurs & Inſpecteurs Generaux, laquelle ſera remiſe au Treſorier pour ſa décharge.

Appointemens du Capitaine de l'Infanterie Françoiſe.

IV.

Pour tenir lieu d'Etapes aux Recrües.

SA MAJESTÉ ne faiſant plus fournir l'Etape à ſes Troupes, & ne donnant preſentement des Routes que pour les faire loger dans les lieux de leur paſſage, Elle ordonne que chaque Capitaine de ſon Infanterie Françoiſe, à l'exception de celuy de Grenadiers, touchera chacun an ſur les ordres qui en ſeront expediez, la ſomme de Trois cens livres pour luy tenir lieu d'Etape à ſes Recrües; Entend néantmoins Sa Majeſté que lorſqu'à la fin des Semeſtres la Compagnie ne ſe trouvera pas reſtablie, ladite ſomme de Trois cens livres ſoit retenüe ſur les appointemens du Capitaine, ſuivant l'ordre du Directeur ou de l'Inſpecteur, pour eſtre remiſe par le Treſorier, ſoit au Capitaine lorſqu'il l'aura rendüe complette, ou à celuy qui en aura eſté pourveû à ſa place, & qui l'aura reſtablie.

V.

Compagnie de Grenadiers de l'Infanterie Françoiſe.

LA Compagnie de Grenadiers qui eſt dans chaque Bataillon d'Infanterie Françoiſe, ſera compoſée d'un Capitaine en pied, d'un Capitaine en ſecond, d'un premier Lieutenant, d'un Lieutenant en ſecond, de trois Sergens, trois Caporaux, trois Anſpeſſades, quarante Grenadiers & un Tambour, & ſera payée à raiſon de Cinq livres par jour au Capitaine en pied; de Deux livres dix ſols au Capitaine en ſecond; de trente-cinq ſols au premier Lieutenant; de vingt-cinq ſols au Lieutenant en ſecond; de douze ſols à chacun des trois Sergens; de huit ſols ſix deniers à chacun des trois Caporaux; de ſept ſols ſix deniers à chacun des trois Anſpeſſades, & de ſix ſols ſix deniers à chacun des quarante-un Grenadiers ou Tambour, la maſſe non compriſe; le Capitaine touchera de plus par gratification vingt-deux ſols ſix deniers par jour lorſque ſa Compagnie ſera compoſée de cinquante hommes effectifs, les Officiers non compris, ſans qu'il puiſſe rien pretendre de ladite gratification lorſque ſa Compagnie ſe trouvera au-deſſous dudit nombre de cinquante.

Du 1er Octobre 1720. 198.

VI.

VEUT Sa Majesté qu'au moyen de l'augmentation d'appointemens qu'Elle a bien voulu accorder aux Capitaines de Grenadiers, ils payent trente livres par Soldat qui sera tiré pour leurs Compagnies, au lieu de vingt-deux livres dix sols qu'ils payoient anciennement.

VII.

Masse de l'Infanterie Françoise.

OUTRE la solde cy-dessus reglée pour les Sergens, Caporaux, Anspessades, Grenadiers, Soldats & Tambours, qui leur sera payée à chacun Prest sans aucune retenuë, au moyen de quoy ils seront tenus de s'entretenir de linge & chaussure, il sera encore donné deux sols par jour pour chaque Sergent, & un sol pour chaque Caporal, Anspessade, Grenadier, Soldat ou Tambour, qui formeront une masse dont le fonds sera fait sur le pied complet, sans avoir égard au nombre d'hommes dont les Compagnies se trouveront composées; Sçavoir pour celle des Grenadiers de Soixante-dix-neuf livres dix sols par mois, & pour chacune des Compagnies ordinaires Cent vingt sept livres dix sols par mois, ce qui fera un fonds de Treize mille cent quatre-vingt-quatorze livres par an pour chaque Bataillon, lequel demeurera entre les mains du Tresorier qui en donnera sa reconnoissance au Major ou autre Officier chargé du détail du Regiment à la fin de chaque mois, pour estre ladite masse remise sur les ordres & main-levée des Directeurs & Inspecteurs Generaux, & employée à l'habillement dudit Regiment ou Bataillon, ainsi que par le passé.

VIII.

Gratification au Capitaine de Compagnie d'Infanterie Françoise sur le fonds de la masse.

POUR faciliter de plus en plus aux Capitaines l'entretien de leurs Compagnies, Sa Majesté a ordonné que sur le fonds de la masse, il sera remis par ordre du Directeur ou de l'Inspecteur, à chaque Capitaine de Grenadiers Cent quatre-vingt livres, & à chacun des autres dont les Compagnies se trouveront complettes de quatre-vingt-un hommes vestus & armez, à la Revûë qui se fera à la fin du Semestre, la somme de Trois cens soixante livres pour les dedommager des frais de l'habillement de leurs Recruës;

Et à l'égard des Compagnies qui ne se trouveront pas complettes dans ledit temps, Veut Sa Majesté que lesdites sommes de Cent quatre-vingt livres & de Trois cens soixante livres demeurent entre les mains du Tresorier pour estre remises, soit aux Capitaines desdites Compagnies lorsqu'ils les auront restablies, ou à ceux qui en ayant esté pourveûs par leur mort, cassation ou abandonnement les auront renduës complettes.

IX.

Estat Major des Regimens d'Infanterie Françoise.

LES Estats Majors desdits Regimens d'Infanterie Françoise seront composez d'un Colonel, un Lieutenant-Colonel, un Major, un Ayde-Major, un Aumônier & un Chirurgien; Et lesdits Officiers seront payez à raison de deux livres quinze sols par jour au Colonel; de deux livres cinq sols au Lieutenant-Colonel; de quatre livres trois sols quatre deniers au Major; de deux livres cinq sols à l'Ayde-Major; pareille somme de deux livres cinq sols au second Ayde-Major qui est dans le premier Bataillon du Regiment du Roy, lesquels Major & Ayde-Major ne pourront avoir chacun que leurs charges; de dix sols à l'Aumônier, & de dix sols au Chirurgien.

X.

SA MAJESTÉ ayant supprimé la Prevosté qu'Elle entretenoit cy-devant dans les Regimens de Picardie, Champagne, Navarre, Piedmont, Normandie, la Marine, Richelieu, Bourbonnois, Auvergne, Tallard, de Pons, du Roy, Royal, Lyonnois, Dauphin, Anjou, du Maine, la Reyne, Royal des Vaisseaux, Orleans, la Couronne, Artois, Vendôme, Royal Roussillon, Condé, Bourbon, Royal la Marine, Royal Comtois, Mailly, Nice, Toulouse, Chartres, Conty & Enghyen, son intention est qu'au lieu & place de ladite Prevosté, il soit payé à chacun des Colonels desdits Regimens deux livres cinq sols par jour, outre & par dessus les deux livres quinze sols qu'ils doivent toucher en qualité de Colonels, conformement à l'Article precedent.

XI.

Commandant & Ayde-Major de Bataillon.

LE Commandant de chacun des Bataillons qui ne sont

point

point chefs de Regimens, aura en cette qualité deux livres cinq sols par jour, recevant d'ailleurs le même traitement que les autres Capitaines du Bataillon, Et l'Ayde-Major qui est à la suite de chacun desdits Bataillons, où il ne pourra avoir que cette charge, recevra pareille somme de Deux livres cinq sols par jour.

XII.

Appointemens de Capitaine, en qualité de cy-devant Commandant de Bataillon.

LES Capitaines qui commandoient les seconds & troisiémes Bataillons qui ont esté incorporez dans les premiers Bataillons des mêmes Regimens & qui y sont entrez avec leurs Compagnies; Sçavoir, les S.rs Aubery du Regiment de la Reine, Courcelles du Royal des Vaisseaux, Fernex de Bretagne, Castron du Perche, Cornoüailles d'Artois, Saint Hilaire de Vendôme, la Louviere du Royal Roussillon, Sirmond de Beauvoisis, Taucaut de Roüergue, Fenestre de Bourgogne, Danselme de Royal la Marine, de Grave de Vermandois, Desaunais de Gensac, Lombard du Royal Comtois, Guerin de Lyonne, Acarel de Flandres, Fontaine de Boulonnois, Seve de Saintonge, Tesser de Bresse, Gontier de Quercy, Duperet de Brie, Dufossé de Soissonnois, Saint Julien-Fayet de l'Isle de France, la Roque d'Aunix, Boistaché de Ponthieu, Widaniel de Solre, Larnage d'Olonne, Landa de Monfort, Bellac d'Auxerrois, Ducluseaux d'Agenois, & Vabois d'Enghien continueront de toucher les vingt sols par jour, qu'ils recevoient en qualité de Commandans desdits Bataillons, jusques à ce qu'ils parviennent à quelque grade; Sa Majesté veut bien aussi les dispenser de monter la garde dans lesdits Bataillons.

XIII.

Appointemens des Capitaines en second d'Infanterie Françoise, qui avoient esté conservez à la Paix de Riswick.

A l'égard des Capitaines en second d'Infanterie Françoise qui estoient en pied dans les Regiments conservez à la Paix de Riswick, & dont les Compagnies ont servi à l'incorporation faite à celle d'Utreck, ausquels Sa Majesté a accordé par son Ordonnance du 30. Septembre 1718. cinquante sols par jour d'appointements, au lieu de quarante-deux sols que les autres Capitaines en second touchent, ils continueront d'estre payez en conformité de ladite Ordonnance, jusques à ce qu'ils parviennent à quelque grade; Sçavoir, les S.rs Gougon, Bremont, Canet, Courcellet & Cardaillac Capitaines en second au Regiment de Picardie; Maubeuge au Regiment de Champagne, Charnay, Lasvoutes, Lebret, Chery & Nisas au Regiment de Navarre; Bazannes, Lorry, Duplessis, Desportes, Lamberville & Duclau dans celuy de Piedmont; Lozieres & Failly dans celuy de la Marine; Rhemen dans celuy de Richelieu; Bordenave, Audry & Basteraut dans celuy de Bourbonnois; Candye & la Hitte dans celuy de Lyonnois; La Marre & Cabot dans celuy du Maine; Dumont & Laforest dans celuy d'Orleans; Ricunier & Charency dans celuy de la Couronne, Desmazerais, S.t Michel, Paſſy & Chabroüillie dans celuy de Condé; Montagnac, Buchepot & Desespeces dans celuy de Bourbon; & Chambois, Le Brun & S.t Sauveur dans celuy de Toulouse.

XIV.

Compagnie du Regiment Royal Artillerie.

LES huit Compagnies de chacun des cinq Bataillons du Regiment Royal Artillerie, qui sont composées chacune d'un Capitaine, d'un Capitaine en second, de deux Lieutenans, deux Sous-Lieutenans, quatre Sergens, quatre Caporaux, quatre Anspessades, deux Cadets, trente-six Canoniers, Bombardiers, Mineurs, Sapeurs, Ouvriers en fer, ou bois, quarante-huit soldats apprentifs, & deux Tambours, seront payées à raison de trois livres par jour au Capitaine en second; de deux livres dix sols au premier Lieutenant; de deux livres au Lieutenant en second; de trente sols à chacun des deux Sous-Lieutenans; de vingt sols six deniers à chaque Sergent; de quatorze sols six deniers à chaque Caporal; de onze sols six deniers à chaque Anspessade; de neuf sols six deniers à chacun des quarante Canoniers, Bombardiers, Sapeurs, Mineurs, Ouvriers, Cadets & Tambours; de six sols six deniers à chacun des douze plus anciens soldats apprentifs, & de cinq sols six deniers pour chacun des trente-six autres soldats apprentifs, la masse non comprise dans ladite paye.

Appointemens du Capitaine du Regiment Royal Artillerie.

A l'égard du Capitaine en pied, lorsque sa Compagnie sera composée depuis quatre-vingt-quinze jusqu'à Cent hommes, les Officiers non compris, il luy sera payé onze livres deux sols deux deniers par jour; lorsqu'elle sera à quatre-vingt-dix jusqu'à quatre-vingt-quinze, il recevra dix livres; depuis quatre-vingt-cinq jusqu'à quatre-vingt-dix, il ne recevra que neuf livres; depuis quatre-vingt jusqu'à quatre-vingt-cinq, huit livres; depuis soixante-quinze jusqu'à quatre-vingt, sept livres; depuis soixante-dix jusqu'à soixante-quinze, six livres; Et lorsqu'elle sera au dessous de soixante-dix, cinq livres.

De plus, le Capitaine en pied recevra par an Quatre cens livres pour la conduite de ses Recrües, au lieu d'Estapes qu'elles recevoient en Route. Pour tenir lieu d'Etapes aux Recrües.

Outre la solde çy-dessus reglée il sera encore payé, ainsi que dans tout le reste de l'Infanterie, deux sols par jour pour chaque Sergent, & un sol pour chaque Caporal, Anspessade, Canonier, Bombardier, Sapeur, Mineur, Ouvrier, Cadet, Soldat & Tambour sur le pied complet, qui serviront à former une masse pour l'habillement de la Compagnie, sur laquelle sera remis au Capitaine Quatre cens trente livres par an, sur les ordres des Directeurs ou Inspecteurs pour l'habillement de ses Recrües, au lieu des Trois cens soixante livres ordonnées à chaque Capitaine de l'Infanterie Françoise, attendu que les Compagnies dudit Regiment Royal Artillerie, doivent estre composées de Cent hommes chacune. Masse.

XV.

L'ETAT Major de chacun desdits cinq Bataillons, composé d'un Lieutenant Colonel, d'un Major, d'un Ayde-Major, d'un Aumônier & d'un Chirurgien, sera payé à raison par jour de six livres deux sols deux deniers au Lieutenant-Colonel outre son traittement de Capitaine; de neuf livres trois sols trois deniers au Major; de six livres deux sols deux deniers à l'Ayde-Major, lesquels Major & Ayde-Major ne pourront avoir d'autres employes; de dix sols à l'Aumônier & Chirurgien. Estat Major.

Il sera aussi payé au Colonel Lieutenant dudit Regiment, à commencer du 26. Fevrier dernier, l'incorporation d'iceluy s'estant fait le vingt-cinq, cinquante-cinq sols par jour en ladite qualité, & de plus quarante-cinq sols aussi par jour, pour luy tenir lieu de la Prevosté qui estoit cy-devant entrenuë dans ledit Regiment, Et que Sa Majesté a jugé à propos de ſupprimer, auſſi-bien que le Mareſchal de Logis.

VEUT auſſi Sa Majeſté qu'il ſoit payé par mois, à commencer dudit jour 26. Fevrier dernier, quatre-vingt dix livres à chacun des S.rs Dumouttié & Barbier Capitaines entretenus à la ſuite des Bataillons de Romillé & de Pijart dudit Regiment, en paſſant preſent aux Reveües qui ſeront faites audit Bataillon.

XVI.

SA Majeſté voulant continuer aux S.rs de Larieux & de Lorme, cy-devant Lieutenans des Compagnies de Mineurs de Valliere & de Lorme, aux Bombardiers des Compagnies de Deſtouches & la Roche du Regiment cy-devant des Bombardiers, & aux Mineurs des Compagnies de Mineurs cy-devant de Valliere, Dabin, Voilain & de Lorme, qui depuis l'incorporation dudit Regiment & deſdites Compagnies, ſont entretenus en qualité de Cadets & de Mineurs dans leſdits cinq Bataillons du Regiment Royal Artillerie, la même paye qu'ils recevoient dans leſdites Compagnies; Son intention eſt qu'à commencer du 26. Fevrier dernier, il ſoit payé ſix ſols huit deniers par jour audit S.r de Larieux, outre trois livres qu'il reçoit en qualité de Capitaine en ſecond au Bataillon de Certemont, & dix ſols auſſi par jour audit S.r de Lorme, outre cinquante ſols qu'il reçoit en qualité de Lieutenant au Bataillon de Thorigny, juſqu'à ce qu'ils ſoient montez à d'autres employs; Et qu'outre les neuf ſols ſix deniers qui ſont cy-deſſus reglez pour leſdits Cadets, il ſoit auſſi payé à commencer dudit jour 26. Fevrier, leur incorporation s'eſtant faite le 25. Sçavoir treize ſols ſix deniers au nommé Saint Laurent, entretenu Mineur dans le Bataillon de Pijart; douze ſols ſix deniers à chacun des nommez Vigolet & la Jeuneſſe, auſſi entretenus Mineurs dans ledit Bataillon; dix ſols ſix deniers à chacun des nommez Lacroix, Dupleſſis, Flavigny & Fleury; cinq ſols ſix deniers à chacun des nommez de Crée, Poirot, Duplex, Narſay, Beauſejour, Bienvenu, la Baſtide, Tranche-montagne & Antoine; deux ſols ſix deniers à chacun des nommez Deſgrez & la Caſſiere, Et ſix deniers à chacun des nommez la Riviere, Rouſſillon & la Ramée, auſſi

entretenus

Du 1er Octobre 1720.

entretenus Cadets & Mineurs dans ledit Bataillon; treize sols six deniers au nommez Mathias; douze sols six deniers au nommé Vitry; dix sols six deniers à chacun des nommez Clemançon, Joly, le Page, de Cœur, la Violette, Des-brosses, Saint-Pierre & Lorrain; cinq sols six deniers à chacun des nommez Delval, Duhaly, Fourmillon, Rougimont, Saint-Aubin, Boisjoly, la Rose & la Violette; deux sols six deniers à chacun des nommez d'Hautecloche & la Geurie; Et six deniers à chacun des nommez Michelet, Va-de-bon-cœur, Bouchemont, Va-de-bon-cœur & la Liberté, tous entretenus Cadets & Mineurs dans le Bataillon de Certemont; dix sols six deniers à chacun des nommez d'Henvin, Duclos, Dufresne & Saint Pierre; neuf sols six deniers à chacun des nommez Maisonneuve & Saint-Floux; cinq sols six deniers à chacun des nommez Jacques Loiseau, Leon Chevalier, François Cleret, Jean Leveillé, & Remond la Bonté; deux sols six deniers à chacun des nommez Vertamy, Gacoin, Sessel, la Salle l'aîné, la Salle cadet & Cadit; Et six deniers à chacun des nommez Antoine Gaco, Leonard Rondet, la Terreur, Jean la Forest, René Gautier, Guillaume Charpon, Joseph Bera, Jean Rousset, Claude Villeneuve & Antoine Feau, tous Cadets Mineurs, Sapeurs & Ouvriers entretenus dans le Bataillon de Torigny; douze sols six deniers au nommé Jacques Lallier; dix sols six deniers à chacun des nommez Desmarêts, Saint-Louis, Beausoleil, Joseph, & Dominique; cinq sols six deniers à chacun des nommez Tourenque, Cremieux, Jean Duval & Montauban; neuf sols six deniers au nommé Fayen; deux sols six deniers à chacun des nommez Chameron, Marc, Villaumanoir, Vauferrier & Saint-Georges; Et six deniers à chacun des nommez Belle-rose, Saint-Antoine, & Fontaine, tous Cadets & Mineurs entretenus dans le Bataillon de Raganne; Et dix sols six deniers à chacun des nommez Rey & Servo; cinq sols six deniers à chacun des nommez S.t Amand, la France, de Sabrébois, Michel, Dubourg, & Michel; deux sols six deniers à chacun des nommez Beauchamp, Pic, Bonneval, Genguene, la Haye, & la Sotée, & six deniers au nommé Parfait, tous Cadets & Mineurs entretenus dans le Bataillon de Romillé. Entend aussi Sa Majesté qu'outre l'augmentation de solde cy-dessus accordée, il soit encore payé Cent livres de pension par an, par forme de supplément de paye, à chacun des nommez Fleury, Jolly, d'Hennein, Desmaretz, Rey & Servo, tous six Cadets cy-dessus denommez, le tout tant qu'ils subsisteront Cadets, Mineurs, Sapeurs & Ouvriers dans lesdits Bataillons, & sans tirer à consequence pour ceux qui leur succederont.

XVII.

Arquebusiers.

LES douze Compagnies de chacun des trois Bataillons d'Arquebusiers de Bellair, Torres & Delio, que Sa Majesté a jugé à propos de reserver de ceux qui avoient esté mis sur pied l'année derniere pour son Service, composées chacune d'un Capitaine, d'un Capitaine en second, d'un premier Lieutenant, d'un Lieutenant en second, de deux Brigadiers, vingt-deux Arquebusiers, & un Tambour, seront payées à commencer du jour qu'ils ont esté formez, à raison de trente-cinq sols par jour au Capitaine en second; de trente sols au premier Lieutenant; de vingt-cinq sols au Lieutenant en second; de onze sols à chaque Brigadier; & de cinq sols six deniers à chaque Arquebusier & Tambour, la masse non comprise.

Appointemens du Capitaine d'Arquebusiers.

A l'égard du Capitaine, lorsque sa Compagnie passera en Reveüe sur le pied de vingt-cinq hommes effectifs, les Officiers non compris, il luy sera payé cinquante sols par jour; quand elle ne sera composée que de vingt, vingt-un, vingt-deux, vingt-trois & vingt-quatre hommes, il ne recevra que quarante-cinq sols par jour; Et lorsqu'elle sera au-dessous dudit nombre de vingt hommes, il ne luy sera payé que quarante sols.

XVIII.

Masse.

OUTRE la solde cy-dessus reglée, il sera encore payé deux sols par jour pour chaque Brigadier, & un sol pour chaque Arquebusier & Tambour, sur le pied complet de vingt-cinq hommes par Compagnie, pour former une masse toûjours complette pour l'habillement de ladite Compagnie.

Du 1er Octobre 1720.

XIX.

LE Sr. Dortaffa Colonel Commandant lesdits trois Bataillons, & le Sr Aigoin Major seront payez, sçavoir le Colonel à raison de dix livres par jour, & le Major de cinq livres aussi par jour.

L'Estat Major de chacun desdits trois Bataillons, composé d'un Commandant, d'un Ayde-Major, d'un Aumônier, & d'un Chirurgien, sera payé à raison par jour de trente sols au Commandant, outre son traittement de Capitaine; de quarante sols à l'Ayde-Major; de trente sols à l'Aumônier; & de vingt-cinq sols au Chirurgien, lequel Ayde-Major ne poura avoir d'autre charge, Estat Major.

XX.

IL sera payé à chacun des Srs Samson, Joly & Brunet cy devant Commandans de Bataillons, & à present entretenus avec leurs Compagnies dans lesdits trois Bataillons conservez, trente sols par jour, outre leur paye de Capitaine, Et aux Srs Bernich, Grau, Carasquet, Augustin Noy, Paulina & Sagimon aussi cy-devant Commandans de Bataillons & à present reformez à la suite desdits trois Bataillons, cinquante sols chacun par jour.

XXI.

Colonels & Lieutenans-Colonels d'Infanterie Françoise.

SA MAJESTÉ trouve bon que les Colonels & Lieutenans-Colonels reformez continuent d'estre payez dans leurs Provinces, sur le même pied que par le passé, jusqu'à ce qu'Elle ait occasion de les employer, Et que ceux desdits Lieutenans Colonels qui ont commandé l'année derniére des Bataillons de milice, & qu'Elle a renvoyez dans leurs Provinces, reçoivent encore les Trois cens livres d'augmentation d'appointemens par an, qu'Elle leur a accordé par son Ordonnance du 7. Decembre dernier; Voulant aussi Sa Majesté que les Lieutenans-Colonels qui commandoient les douze Bataillons de milice qui avoient esté reservez & qui ont esté incorporez dans les Bataillons du Régiment Royal Artillerie, reçoivent chacun les mêmes Trois cens livres d'augmentation d'appointemens.

XXII.

Capitaines &

LES Capitaines & Lieutenans reformez des Troupes

Lieutenans reformez d'Infanterie Françoise.

d'Infanterie Françoise qui sont entretenus en cette qualité de reformez à la suite des Regiments, seront payez par jour à commencer du premier Janvier de la presente année à raison pour chacun des Capitaines de vingt-cinq sols, & pour les Lieutenans de treize sols quatre deniers, à la reserve de ceux qui ont obtenu des ordres particuliers de Sa Majesté sur lesquels ils continueront d'estre payez.

XXIII.

Officiers reformez d'Infanterie, Partisans.

QUANT aux Officiers reformez d'Infanterie à la residence des Places Frontieres, y faisant le service en qualité de Partisans, ils continueront d'y estre payez comme par le passé.

XXIV.

Officiers reformez d'Infanterie Françoise, attachez aux Places Frontieres.

L'INTENTION de Sa Majesté est aussi que les Capitaines & Lieutenans reformez d'Infanterie Françoise, qui sont entretenus en cette qualité de reformez dans les Places Frontieres y faisant le Service, soient payez de leurs appointemens, à commencer du premier Janvier de la presente année, à raison par jour de vingt-cinq sols pour chaque Capitaine, & de treize sols quatre deniers pour chacun Lieutenant en passant present aux Reveües, à la reserve de ceux qui ont obtenu des ordres particuliers de Sa Majesté, sur lesquels ils continueront d'estre payez.

XXV.

Ingenieurs qui ont des Reformes.

LES Ingenieurs qui ont des Reformes continueront pareillement d'estre payez de leurs appointemens dans les Places où ils se trouveront, à raison de vingt-cinq sols par jour au Capitaine reformé, & de treize sols quatre deniers au Lieutenant reformé, suivant les ordres que Sa Majesté leur en fera expedier.

XXVI.

Compagnie de Fusilliers du Roy.

LA Compagnie de Fusilliers du Roy, formée d'Officiers & soldats tirez de l'Hôtel Royal des Invalides pour la Garde de la Banque, laquelle est composée d'un Capitaine, un Capitaine en second, de quatre Lieutenans, d'un Capitaine d'armes, quatre Sergens, quatre Caporaux, quatre Anspessades, cent onze Fusiliers, & deux Tambours

bours sera payée à raison par jour de trois livres au Capitaine ; de cinquante sols au Capitaine en second ; de quarante sols à chacun des quatre Lieutenans ; de vingt-cinq sols au Capitaine d'armes ; de vingt sols à chacun des quatre Sergens ; de quinze sols à chaque Caporal ; de douze sols à chaque Anspessade; de douze sols à chacun des deux Tambours ; & de dix sols à chacun des cent onze Fusiliers.

XXVII.

Compagnie ordinaire d'Invalides.

LES Compagnies de l'Hôtel Royal des Invalides qui sont sur le pied de soixante hommes chacune, à la reserve de celle de Breuse dont il sera parlé cy-aprés, seront payées à raison de cinquante sols par jour au Capitaine; vingt sols à chaque Lieutenant ; de dix sols à chacun des trois Sergens; de sept sols à chacun des trois Caporaux ; de six sols à chacun des trois Anspessades; de cinq sols à chacun des cinquante Soldats, & au Tambour.

XXVIII.

Compagnie de Breuse Invalide.

Ladite Compagnie de Breuse qui est composée d'un Capitaine commandant, d'un Capitaine en second, de quatre Lieutenans, de trois Sergens, trois Caporaux, trois Anspessades & de cinquante-un Soldats compris un Tambour, sera payée à raison de cinquante sols par jour au Capitaine commandant, & au Capitaine en second; de vingt sols à chaque Lieutenant; de douze sols à chaque Sergent; de neuf sols à chaque Caporal ; de huit sols à chaque Anspessade ; & de sept sols à chaque Soldat, & Tambour.

XXIX.

Compagnie Franche de Monaco.

LA Compagnie Franche de Monaco, sera payée à raison de cinquante sols par jour au Capitaine ; de vingt-cinq sols au Capitaine en second qui est en ladite Compagnie ; de vingt sols au Lieutenant; de quinze sols à l'Enseigne; de dix sols six deniers à chacun des deux Sergens; de sept sols six deniers à chacun des trois Caporaux; de six sols six deniers à chacun des cinq Anspessades ; & de cinq sols six deniers à chaque Fusilier jusqu'au nombre de quarante, compris un Tambour ; le Capitaine aura de plus quatre payes de gratification de cinq sols six deniers chacune par jour, lorsque sa Compagnie sera composée de cinquante hommes, les Officiers non compris.

XXX.

Compagnie Franche de Saumery.

LA Compagnie Franche de Saumery, qui est aux Isles Sainte Marguerite & de Saint Honorat, doit estre composée du Capitaine, de deux Lieutenans, deux Sergens, un Caporal, un Anspessade & trente-un Soldats, Et payée à raison de deux livres dix-huit sols quatre deniers par jour au Capitaine, qui aura de plus aussi par jour onze livres cinq sols par augmentation d'appointemens; de trente sols à chaque Lieutenant, & encore trente-trois sols quatre deniers d'appointemens extraordinaires; de douze sols à chacun des deux Sergens; de huit sols au Caporal; de sept sols à l'Anspessade; de six sols à chaque Soldat; Et le Chapelain qui est avec ladite Compagnie sera payé à raison de seize sols huit deniers par jour.

XXXI.

Pensions des Officiers d'Infanterie Françoise.

OUTRE le traittement cy-dessus reglé pour les Officiers de l'Infanterie Françoise, ils continueront de joüir des Pensions attachées à leurs Charges, & en seront payez conformement à l'Etat que Sa Majesté en fera expedier tous les ans.

XXXII.

Supplement d'apointemens & de solde aux Capitaines d'Infanterie Françoise.

SA Majesté ne voulant rien obmettre de ce qui peut faciliter aux Capitaines d'Infanterie Françoise le rêtablissement de leurs Compagnies, Elle a ordonné que les Capitaines de celles qui se trouveront plus fortes à la Reveüe du mois de Janvier, qu'aux Reveües des mois de Novembre & Decembre precedens, seront payez par forme de Supplement sur ladite Reveüe de Janvier, de ce qu'ils auroient dû recevoir, tant pour le payement des effectifs que pour leurs appointemens, si leurs Compagnies s'étoient trouvées aux Reveües de ces deux mois de Novembre & Decembre au même nombre qu'elles se trouveront en Janvier, & pareil decompte leur sera fait sur la Reveüe de la fin du Semestre, pour les mois de Fevrier & Mars precedens.

Du 1er Octobre 1720. 204.

XXXIII.

QUANT aux Troupes d'Infanterie Estrangere que Sa Majesté trouve bon d'entretenir pour son service; Chaque Compagnie des Regimens Suisses de Villars, Brendlé, Castellas, Hessy, d'Affry, d'Hemel, de Buisson & de Courten, pourra estre de Deux cens hommes, & chaque homme sera payé sur le pied de Seize livres par mois, dans lequel nombre de deux cens hommes seront compris un Capitaine, un Capitaine-Lieutenant, un Lieutenant, un Sous-Lieutenant, un Enseigne, quatre Sergens, un porte Enseigne, un Fourrier, un Capitaine d'armes & un Prevost, lesquels grands & bas Officiers seront payez par les Capitaines, à raison par chacun mois de Cent livres au Capitaine-Lieutenant; de soixante-quinze livres au Lieutenant; de cinquante livres au Sous-Lieutenant; de quarante-sept livres à l'Enseigne; de vingt-cinq livres à chacun de deux des quatre Sergens; de vingt livres à chacun des deux autres Sergens; & vingt livres au Fourrier; de dix-huit livres au porte Enseigne; de dix-huit livres au Capitaine d'armes; & de quinze livres au Prevost: Chaque Compagnie Suisse devra aussi avoir six Caporaux, six Anspessades, & cent soixante-quinze Fusiliers, compris les Tambours & Fiffres; Estant à observer que dans les Compagnies des Capitaines qui en ont d'autres, le Capitaine-Lieutenant de celle où le Capitaine ne servira point, devra recevoir Cent trente livres d'appointemens par mois, Et qu'il devra y avoir aussi deux Lieutenans qui auront chacun soixante-quinze livres par mois, outre le Sous-Lieutenant, l'Enseigne & les autres Officiers marquez cy-dessus. Suisses.

XXXIV.

QUOYQUE chaque Compagnie Suisse puisse avoir jusques à Deux cens hommes, elle sera néantmoins reputée complette lorsqu'elle se trouvera à cent soixante-quinze, tous les Officiers compris, Et estant audit nombre de cent soixante-quinze effectifs, & au-dessus jusques à deux cens hommes, le Capitaine recevra outre ce qui luy eſt payé pour les effectifs, vingt-ſept payes de gratification; quand elle ſera de cent ſoixante-dix hommes & au-deſſus juſques à cent ſoixante-quatorze, il luy ſera payé dix-ſept payes de gratification outre les effectifs; lorſqu'il aura cent ſoixante hommes & au-deſſus juſques à cent ſoixante-neuf, les effectifs luy ſeront payez avec ſeize payes de Gratification; Et s'il arrivoit que ſa Compagnie ſe trouvaſt au-deſſous de cent ſoixante hommes, elle ne ſeroit payée que pour les effectifs, ſans que le Capitaine pût pretendre aucune paye de gratification.

XXXV.

A l'égard des Compagnies Suiſſes de cent hommes, dont il en a eſté joint deux enſemble pour faire le ſervice d'une Compagnie entiere, l'intention de Sa Majeſté eſt que le complet de deux deſdites Compagnies jointes enſemble ſoit auſſi à cent ſoixante-quinze, ſans avoir égard ſi une des deux à plus d'hommes que l'autre dans les cent ſoixante-quinze qui s'y trouveront, Sa Majeſté laiſſant aux Capitaines la liberté de s'accommoder entre eux là-deſſus; Elle trouve bon auſſi que les Capitaines dont les Compagnies ſont ainſi couplées y ſervent alternativement pendant un an, & que celuy des deux qui pourra s'abſenter ſoit payé comme preſent; Et parce qu'il y a pluſieurs Compagnies qui ſont jointes, dont les Capitaines ont d'autres Charges où ils preferent de ſervir, & ſont obligez d'avoir auſdites Compagnies des Capitaines pour les commander en leur abſence, Sa Majeſté a auſſi trouvé bon de permettre auſdits Capitaines Commandans de s'abſenter alternativement, Et a Ordonné que pendant l'année de leur abſence, ils ne ſeront payez de leurs appointemens qu'à raiſon de Cinquante livres par mois, au lieu que dans l'année de leur ſervice ils les recevront à l'ordinaire ſur le pied de Cent trente livres par mois.

XXXVI.

Pour tenir lieu d'Eſtapes aux Recrües.

Il ſera auſſi payé par chacun an à chaque Capitaine de Deux cens hommes deſdits Regimens Suiſſes la ſomme de Sept cens cinquante livres, pour luy tenir lieu d'Eſtapes à ſes Recrües.

XXXVII

Du 1.er Octobre 1720. 205

XXXVII.

L'Estat Major de chacun desdits Regimens Suisses sera payé à raison de Mille livres par mois, dans le lieu où la Compagnie Colonelle dudit Regiment se trouvera. Estat Major

XXXVIII.

La demie Compagnie Suisse de Schwitzer, & celle d'Arbonnier de Dizy de nouvelle levée, qui sont de Cent hommes chacune, doivent avoir la moitié des Officiers qui sont cy-dessus marquez pour une Compagnie entiere, & elles seront payées pour les presens & effectifs qui s'y trouveront jusqu'au nombre de Cent; quand il s'y trouvera quatre-vingt sept hommes effectifs & au dessus, le Capitaine recevra outre le payement des effectifs treize payes & demie de gratification; lorsqu'il aura quatre-vingt cinq hommes, ou quatre-vingt six, il touchera huit payes & demie de gratification; Et quand sa Compagnie sera de quatre-vingt hommes jusqu'à quatre-vingt cinq, il recevra outre le payement des effectifs huit payes de gratification : Mais s'il arrive que sa Compagnie soit au dessous de quatre-vingt, elle ne sera payée que pour les effectifs, sans aucune paye de gratification. Demie Compagnie Suisse de Schwitzer & d'Arbonnier de Dizy.

XXXIX.

Il sera en outre payé à chacun desdits S.rs Schwitzer & d'Arbonnier de Dizy, par an, la somme de Trois cens soixante-quinze livres, pour tenir lieu d'Estapes à leurs Recrües. Pour tenir lieu d'Estapes aux Recrües.

XL.

Le quart de la Compagnie Suisse de Reynold, qui est de cinquante hommes, les Officiers compris, doit avoir le quart des Officiers d'une Compagnie de Deux cens, Et le Capitaine recevra sept payes de gratification, outre le payement des effectifs, quand elle se trouvera depuis quarante-deux jusqu'à cinquante, Et cinq payes de gratification lorsqu'elle sera de trente-huit jusqu'à quarante-un inclusivement, sans que le Capitaine puisse pretendre aucune desdites payes de gratification, sa Compagnie se trouvant au dessous dudit nombre de trente-huit, les Officiers compris. Quart de Compagnie de Reynold Suisse.

F

XLI.

Pour tenir lieu d'Estapes aux Recruës.

DEPLUS, le Capitaine de ladite Compagnie recevra par an, la somme de Cent quatre-vingt sept livres dix sols pour la conduite de ses Recrües, au lieu d'Estapes qu'elles recevoient en Route.

XLII.

Retenuë pendant l'absence des Officiers Suisses.

S'IL arrive qu'un Officier d'une Compagnie Suisse s'en absente sans Congé, ou qu'il outrepasse celuy qui luy aura esté donné, il sera retenu sur la solde de la Compagnie, huit places pour le Capitaine, ou le Capitaine-Lieutenant absent sans Congé; six places pour le Lieutenant ou le second Lieutenant, quatre pour le Sous-Lieutenant, & trois pour l'Enseigne, pour autant de jours que durera l'absence de l'Officier sans Congé.

XLIII.

Infanterie Allemande d'Alsace, Sparre, la Marck, Lenck & Royal Baviere.

LES deux Bataillons du Regiment d'Infanterie Allemande d'Alsace & les Regimens de Sparre, la Marck, Lenck & Royal Baviere qui sont composez de huit Compagnies de Cent hommes chacune, seront payez à raison de treize livres par homme par mois; quand une Compagnie desdits Regimens sera du nombre de quatre-vingt-quinze hommes à celuy de cent, les Officiers non compris, le Capitaine recevra outre ce qui luy sera payé pour les effectifs treize payes de gratification de treize livres chacune par mois; onze desdites payes quand elle sera depuis quatre-vingt-dix jusques à quatre-vingt-quinze hommes; huit desdites payes lorsqu'elle sera depuis quatre-vingt jusques à quatre-vingt-dix; cinq desdites payes quand elle se trouvera depuis soixante-quinze jusques à quatre-vingt; & trois desdites payes quand la Compagnie sera depuis soixante-dix jusques à Soixante-quinze hommes: Et s'il arrive que la Compagnie soit au dessous dudit nombre de soixante-dix, elle ne sera payée que pour les effectifs, sans que le Capitaine puisse pretendre aucune paye de gratification; Entendant Sa Majesté que dans le nombre cy-dessus de Cent hommes soient compris un premier Sergent qui sera payé sur le pied de treize sols par jour, deux autres Sergents de douze sols chacun, & le quatriéme de onze sols, un Fourrier de neuf sols, un Capitaine d'armes aussi de neuf sols, deux Fourriers schutz de huit sols chacun; quatre Caporaux & deux Tambours de sept sols chacun; huit Anspessades de six sols six deniers chacun; & soixante-dix-huit Fusiliers de cinq sols six deniers chacun.

XLIV.

A l'égard des Officiers desdites Compagnies, Sa Majesté a trouvé bon de leur accorder encore par mois, Sçavoir à chaque Capitaine en pied outre lesdites payes de gratification, quatre-vingt-dix livres; au Capitaine en second pareille somme de quatre-vingt-dix livres; au premier Lieutenant de chaque Compagnie soixante livres; au second Lieutenant cinquante-une livre; & à l'Enseigne quarante-huit livres.

XLV.

Pour tenir lieu d'Estapes aux Recruës.

Il sera en outre payé à chacun Capitaine desdits Regimens, par an, la somme de Trois cens soixante-quinze livres pour leur tenir lieu d'Etapes à leurs Recrües.

XLVI.

Etat Major desdits Regimens.

Il sera payé pour l'Estat Major de chacun desdits Regimens, Sçavoir, Mille livres par mois au Colonel; Cent soixante livres au Lieutenant-Colonel, outre leurs appointemens de Capitaine; Trois cens livres au Major qui sera sans Compagnie, & pour luy tenir lieu de la paye de Capitaine; Cent livres à l'Interprete; quatre-vingt-dix livres à l'Ayde-Major de chaque Bataillon, qui ne pourra y avoir d'autre charge; quarante-cinq livres à l'Aumosnier; cinquante livres au Chirurgien; cinquante livres à l'Auditeur; vingt livres au Greffier; quarante livres au Prevost; vingt livres au Tambour Major; & dix-huit livres à chacun des deux Archers, & à l'Executeur; Et au Commandant du second Bataillon du Regiment d'Alsace soixante livres, Et au S.r Frahan, qui commandoit le second Bataillon du Regiment de la Marck soixante livres, que Sa Majesté a bien voulu luy continuer jusques à ce qu'il parvienne à quelque autre grade.

XLVII.

Colonels & Lieutenans Colonels reformez à la suite desdits Regimens.

LES Colonels & Lieutenans-Colonels Reformez entretenus à la suite desdits Regimens, seront payez à raison de Seize cens quarante-deux livres dix sols chacun par an, à la reserve de ceux ausquels Sa Majesté a fait expedier des ordres particuliers sur lesquels ils doivent estre payez.

XLVIII.

Capitaines & Lieutenans reformez qui serviront à la suite desdits Regimens.

LES Capitaines & Lieutenans Reformez qui auront des ordres particuliers pour servir à la suite desdits Regimens, seront payez par mois à raison de quatre-vingt-dix livres chaque Capitaine, & quarante-huit livres chaque Lieutenant.

XLIX.

Brigades d'Officiers reformez desdits Regimens.

CEUX qui forment les Brigades desdits Regimens, ou qui en ont esté detachez pour estre entretenus à la residence de quelques Places, seront payez par mois à raison de quatre-vingt-dix livres au Capitaine-Commandant de chaque Brigade; soixante livres à chacun des autres Capitaines; & de trente livres à chaque Lieutenant, à la reserve de ceux qui ont obtenu des ordres particuliers de Sa Majesté, sur lesquels ils continueront d'estre payez.

L.

Capitaines reformez à qui les appointemens sont conservez à 1440 l. par an jusqu'au 31. Decembre 1720.

LES Capitaines Reformez qui estoient en pied dans les Regimens de Sparre, la Marck & Lenck à qui le Roy a accordé Quatorze cens quarante livres d'appointemens par an, continueront d'en joüir jusqu'au dernier Decembre de la presente année 1720. aprés lequel temps expiré ils ne recevront plus que les mêmes appointemens des autres Capitaines Reformez.

LI.

Royal Italien, Compagnie ordinaire.

CHACUNE des douze Compagnies du Regiment Royal d'Infanterie Italienne, à la reserve de celle des Grenadiers, doit estre composée du Capitaine, d'un Lieutenant, d'un Enseigne, de trois Sergens, quatre Caporaux, six Anspessades, dix Appointez, compris les Portes-outils, quarante-trois Fusiliers, & un Tambour, Et estre payée à raison de quatre livres par jour au Capitaine; de trente-deux sols au Lieutenant; de vingt-quatre sols à l'Enseigne, l'Enseigne; de quatorze sols à chacun Sergent; de neuf sols dix deniers à chacun Caporal; de huit sols cinq deniers à chacun Anspessade; de huit sols cinq deniers au Tambour; de sept sols six deniers à chacun Appointé, & de sept sols à chacun des quarante trois Fusiliers; Sa Majesté entendant que quand la Compagnie sera de soixante-sept hommes, les Officiers non compris, le Capitaine reçoive sept payes de gratification de sept sols chacune par jour; six desdites payes à soixante; & cinq lorsqu'elle ne se trouvera que de cinquante-cinq; sans que le Capitaine puisse pretendre aucune paye de gratification, sa Compagnie estant au-dessous dudit nombre de cinquante-cinq, les Officiers non compris.

LII.

Compagnie de Grenadiers du Regiment Royal Italien.

LA Compagnie des Grenadiers dudit Regiment Royal Italien, doit estre composée du Capitaine, d'un Lieutenant, d'un sous-Lieutenant, trois Sergens, quatre Caporaux, six Anspessades, cinquante-trois Grenadiers, & un Tambour, Et estre payée à raison de quatre livres seize sols par jour au Capitaine; de cinquante-un sols deux deniers au Lieutenant; de trente deux sols au sous-Lieutenant; de quinze sols à chacun Sergent; de dix sols dix deniers à chacun Caporal; de neuf sols cinq deniers à chacun Anspessade; de huit sols à chacun Grenadier, & de neuf sols cinq deniers au Tambour: Le Capitaine touchera de plus sept payes de gratification de huit sols chacune par jour, quand sa Compagnie sera de soixante-sept hommes effectifs sans les Officiers; six desdites payes lorsqu'elle sera de soixante; & cinq quand elle ne sera que de cinquante-cinq.

LIII.

Pour tenir lieu d'Estapes aux Recruës.

IL sera en outre payé à chacun Capitaine des onze Compagnies ordinaires dudit Regiment, celuy des Grenadiers non compris, par chacun an la somme de Deux cens cinquante livres, pour tenir lieu d'Estapes à leurs Recruës.

LIV.

Etat Major du Regiment

L'ESTAT Major dudit Regiment sera payé à raison de

Royal Italien.

treize livres six sols huit deniers par jour au Colonel; de trois livres quatre sols au Lieutenant Colonel; de quatre livres au Major; de quatre livres à l'Interprete; de quarante-huit sols à l'Ayde-Major, qui ne poura avoir d'autre charge, ainsi que le Major; de vingt-quatre sols au Mareschal des Logis; de trente-deux sols à l'Aumônier; de quinze sols au Chirurgien; de trente-deux sols au Prevost; de seize sols à son Lieutenant; de dix sols au Greffier; de six sols huit deniers à chacun des cinq Archers, & à l'Executeur; & de huit sols au Tambour Major.

LV.

Colonels & Lieutenans Colonels reformez dudit Regiment Royal Italien.

LES Colonels & Lieutenans-Colonels reformez entretenus à la suite dudit Regiment seront payez, Sçavoir, les Colonels sur le pied de Douze cens livres par an, Et les Lieutenans Colonels sur celuy de Mille livres, à la reserve de ceux ausquels Sa Majesté aura fait expedier des ordres particuliers, sur lesquels ils doivent estre payez.

LVI.

Brigades d'Officiers reformez dudit Regiment & de ceux de Nice & Royal Roussillon.

LES Officiers reformez qui forment les Brigades dudit Regiment Royal Italien, & de ceux de Nice & Royal Roussillon, ou qui en ont esté detachez pour estre entretenus à la residence de quelques Places, Et ceux qui auront des ordres particuliers pour servir à la suite dudit Regiment Royal Italien seulement, seront payez; Sçavoir, les S.rs de Thenezol & Romagny Lieutenans Colonels commandant celles du Royal Italien & de Nice, à raison de Quinze cens livres chacun par an; le S.r Girenton Capitaine commandant celle du Royal Roussillon de Neuf cens livres; de Sept cens vingt livres à chaque Capitaine, & de trois cens soixante livres à chaque Lieutenant; Entendant Sa Majesté la même exception qu'à l'article precedent.

LVII.

Infanterie Irlandoise de Lée, Clare & Dillon, Compagnie ordinaire.

CHAQUE Compagnie des Regimens d'Infanterie Irlandoise de Lée, Clare & Dillon, à la reserve de celle de Grenadiers, doit estre composée du Capitaine, du Capitaine en second, d'un premier Lieutenant, d'un Lieutenant en second ou Enseigne dans chacune des Com-

Du 1er Octobre 1720. 208.

pagnies Colonelles & des Lieutenans-Colonels seulement, deux Sergens, trois Caporaux, trois Anspessades, vingt-un Fusiliers & un Tambour; Et estre payée à raison de cinq livres par jour au Capitaine; de trois livres six sols huit deniers au Capitaine en second; de quarante-cinq sols au premier Lieutenant; de trente sols au Lieutenant en second; de trente-six sols à l'Enseigne de chacune des Compagnies Colonelles & des Lieutenans-Colonels; de treize sols à chacun des deux Sergens; de huit sols six deniers à chacun des trois Caporaux; de sept sols six deniers à chacun des trois Anspessades; & de six sols six deniers à chacun des vingt-un Fusiliers, & au Tambour: Le Capitaine recevra de plus trois payes de gratification de six sols six deniers chacune par jour, lorsque sa Compagnie se trouvera composée de trente hommes, les Officiers non compris; deux quand elle sera de vingt-huit; & une seulement lorsqu'elle ne sera que de vingt-cinq sans les Officiers.

LVIII.

Compagnie de Grenadiers desdits Regimens de Lée Clare & Dillon.

La Compagnie de Grenadiers qui est en chacun desdits Regimens de Lée, Clare & Dillon doit estre payée à raison de six livres par jour au Capitaine; de trois livres six sols huit deniers au Capitaine en second; de trois livres dix sols au premier Lieutenant; de trente sols au Lieutenant en second; de quatorze sols à chacun des deux Sergens; de neuf sols six deniers à chacun des trois Caporaux; de huit sols six deniers à chacun des trois Anspessades; & de sept sols six deniers à chacun des vingt-deux Grenadiers, le Tambour compris: Et le Capitaine recevra par jour trois payes de gratification de sept sols six deniers chacune quand il aura trente hommes effectifs à sa Compagnie, sans les Officiers; deux lorsqu'il en aura vingt-huit; & une quand elle ne sera qu'à vingt-cinq, sans que les Capitaines desdits Regimens en puissent pretendre aucune, les Compagnies estant au-dessous dudit nombre de vingt-cinq.

LIX.

Etat Major

L'Estat Major de chacun desdits Regimens de Lée,

desdits Regimens de Lée, Clare & Dillon.

Clare & Dillon sera payé à raison de treize livres six sols huit deniers par jour au Colonel, outre ses appointemens de Capitaine ; de quarante-cinq sols au Lieutenant-Colonel, aussi outre sa paye de Capitaine ; de six livres treize sols quatre deniers au Major pour ses appointemens en ladite qualité, & pour luy tenir lieu de la paye de Capitaine ; de cinq livres à l'Interprete ; de trois livres à l'Ayde-Major, y compris la paye de Lieutenant ; de quarante sols à l'Aumônier; de trente sols au Chirurgien Major ; de trente sols au Mareschal des Logis.

LX.

Colonels & Lieutenans Colonels reformez à la suite desdits Regimens, & entretenus dans les Places.

Les Srs de Clermont & Obrien qui ont eû des Commissions de Colonels à la suite desdits Regimens de Lée, & Clare, seront payez à raison de Cent cinquante livres chacun par mois, Et les Srs Odonel qui estoit cy-devant en pied, & qui est à present Colonel reformé à la suite dudit Regiment de Clare, Magenis & Plunkett qui estoient cy-devant Lieutenans-Colonels des Regimens de Galmoy & d'Odonel, & qui sont presentement entretenus aux residences de Salins & Cambray, à raison de Cent douze livres dix sols, aussi chacun par mois.

LXI.

Capitaines & Lieutenans reformez à la suite desdits Regimens.

Les Capitaines & Lieutenans reformez qui auront des ordres particuliers pour servir à la suite desdits Regimens de Lée, Clare & Dillon seront payez par mois à raison de Cent livres chaque Capitaine, & quarante-cinq livres chaque Lieutenant.

LXII.

Officiers reformez desdits Regimens qui forment des Brigades, & ceux à la residence des Places.

Ceux qui formeront les Brigades desdits Regimens seront payez, Sçavoir, les Officiers qui estoient des Regimens de Lée, Clare & Dillon à raison de Cent livres par mois à chaque Capitaine reformé, & de quarante-cinq livres à chaque Lieutenant reformé ; Et les Officiers qui sont sortis des Regimens cy-devant d'Odonel & de Galmoy, à raison de soixante-huit livres quinze sols à chaque Capitaine, & de trente-deux livres dix sols à chaque Lieutenant reformez ; Entendant aussi Sa Majesté que ceux desdites Brigades qui en auront esté detachez

pour

pour eſtre entretenus à la reſidence de quelques Places, reçoivent les mêmes appointemens qui ſont cy-deſſus reglez, à la reſerve de ceux auſquels il a eſté expedié des ordres particuliers, ſur leſquels ils ſeront payez.

LXIII.

Penſions des Colonels des Regimens de Lée, Obrien & Dillon.

SA MAJESTÉ a bien voulu accorder Quatre mille ſept cens livres de Penſion chaque année aux S.rs de Lée, Clare & Dillon Colonels deſdits Regimens, au lieu de Deux mille livres dont ils joüiſſoient cy-devant; au moyen de laquelle augmentation, Sa Majeſté leur fait deffenſe de retenir à l'avenir les quatre deniers par jour ſur la maſſe des Sergens, Caporaux, Anſpeſſades & Soldats, ainſi qu'il ſe pratiquoit par le paſſé, voulant que la paye cy-deſſus fixée auſdits Sergens, Caporaux, Anſpeſſades & Soldats leur ſoit payée en entier, à la deduction ſeulement d'un ſol qui ſera mis pour la maſſe.

LXIV.

Roth & Berwick.

Compagnie ordinaire.

CHAQUE Compagnie des Regimens d'Infanterie Irlandoiſe de Roth & de Berwick doit eſtre compoſée, à la reſerve des Compagnies de Grenadiers, du Capitaine, d'un Capitaine en ſecond, d'un premier Lieutenant, d'un Lieutenant en ſecond, ou Enſeigne dans les Compagnies Colonelles & des Lieutenans-Colonels ſeulement, deux Sergens, trois Caporaux, trois Anſpeſſades, vingt un Fuſilliers & un Tambour, Et doit eſtre payée à raiſon de trois livres quinze ſols au Capitaine par jour; de quarante-cinq ſols dix deniers au Capitaine en ſecond; de trente-deux ſols ſix deniers au Lieutenant en premier; de vingt-un ſols huit deniers au Lieutenant en ſecond; de vingt-cinq ſols ſix deniers à l'Enſeigne de chacune des Compagnies Colonelles & des Lieutenans-Colonels; de treize ſols à chacun des deux Sergens; de huit ſols ſix deniers à chacun des trois Caporaux; de ſept ſols ſix deniers à chacun des trois Anſpeſſades; & de ſix ſols ſix deniers à chacun des vingt-un Fuſilliers & au Tambour: Le Capitaine recevra de plus trois payes de gratification de ſix ſols ſix deniers chacune par jour, lorſque ſa Compagnie ſera compoſée de trente hommes; deux quand elle ſera de vingt-huit; & une seulement lorsqu'elle sera de vingt-cinq, les Officiers non compris, ne pouvant en pretendre aucune, sa Compagnie estant au-dessous dudit nombre de vingt-cinq.

LXV.

Compagnies de Grenadiers des Regimens de Roth & Berwick.

La Compagnie de Grenadiers qui est en chacun desdits Regimens de Roth & de Berwick, doit estre payée à raison de quatre livres quinze sols par jour au Capitaine; de quarante-cinq sols dix deniers au Capitaine en second; de cinquante-un sols au premier Lieutenant; de vingt-un sols huit deniers au Lieutenant en second; de quatorze sols à chacun des deux Sergens; de neuf sols six deniers à chacun des trois Caporaux; de huit sols six deniers à chacun des trois Anspessades; & de sept sols six deniers à chacun des vingt-deux Grenadiers, compris le Tambour: Et le Capitaine recevra par jour trois payes de gratification de sept sols six deniers chacune quand il aura trente hommes effectifs à sa Compagnie sans les Officiers; deux lorsqu'il en aura vingt-huit; & une lorsqu'elle ne sera que de vingt-cinq : sans que le Capitaine en puisse pretendre aucune, sa Compagnie estant au-dessous dudit nombre de vingt-cinq.

LXVI.

Estat Major desdits Regimens de Roth, de Berwick.

L'Estat Major desdits Regimens de Roth & de Berwick sera payé à raison de sept livres dix sols par jour au Colonel; de trente-deux sols six deniers au Lieutenant-Colonel; de quatre livres onze sols huit deniers au Major; de quarante-six sols huit deniers à l'Ayde-Major qui ne pourra y avoir d'autre charge, non plus que le Major; de vingt-cinq sols au Mareschal des Logis; de vingt-cinq sols à l'Aumônier; de vingt sols au Chirurgien; de vingt-six sols huit deniers au Prevost; de treize sols quatre deniers à son Lieutenant; de huit sols quatre deniers au Greffier; & de cinq sols à chacun des cinq Archers, & à l'Executeur.

LXVII.

Pour tenir lieu d'Etapes aux Recrües des Regimens

Les Capitaines en pied desdits Regimens de Lée, Clare, Dillon, Roth & Berwick, à l'exception des Capitaines de Grenadiers, recevront chaque année, la somme

Du 1er Octobre 1720.

de Cent livres chacun pour tenir lieu d'Etapes à leurs Recrües; Voulant Sa Majesté que lorsqu'une Compagnie ne se trouvera pas complette à la Revüe qui se fera au retour du Semestre, ladite somme de Cent livres soit retenüe sur les Appointemens du Capitaine, ainsi qu'il est cydessus reglé pour l'Infanterie Françoise. de Lée, Clare, Dillon, Roth & Berwick.

LXVIII.

Colonels & Lieutenans-Colonels reformez à la suite desdits Regimens.

Les Colonels & Lieutenans-Colonels reformez qui sont à la suite desdits Regimens de Roth & Berwick, seront payez à raison de Cent douze livres dix sols chacun par mois, à la reserve de ceux qui ont obtenu des ordres particuliers de Sa Majesté, sur lesquels ils seront payez.

LXIX.

Capitaines & Lieutenans reformez à la suite desdits Regimens.

Les Capitaines & Lieutenans reformez qui auront des ordres particuliers pour servir à la suite desdits Regimens, seront payez par mois à raison de soixante-huit livres quinze sols chaque Capitaine, & de trente-deux livres dix sols chaque Lieutenant.

LXX.

Officiers reformez desdits Regimens qui forment les Brigades, & ceux à la residence des Places.

Les Brigades qui sont composées des Officiers reformez desdits Regimens de Roth & Berwick, seront payez à raison de soixante-huit livres quinze sols chaque Capitaine, & de trente-deux livres dix sols chaque Lieutenant; Entendant aussi Sa Majesté que ceux qui auront esté detachez desdites Brigades pour servir à la residence de quelques Places, reçoivent les mêmes appointemens qui sont cy-dessus reglez, à la reserve de ceux ausquels il a esté expedié des ordres particuliers, sur lesquels ils seront payez.

LXXI.

Officiers reformez Irlandois retirez en Languedoc.

Les Officiers reformez Irlandois qui sont en Languedoc, continuëront d'y estre payez de leurs appointemens ordinaires comme par le passé.

LXXII.

Supplement d'appointemens & solde aux Capitaines d'Infanterie Estrangere.

Et pour procurer aux Capitaines d'Infanterie Estrangere tous les avantages qui peuvent contribuer au restablissement de leurs Compagnies; Veut Sa Majesté que celles qui se trouveront plus fortes à la Revüe du mois de Janvier, qu'aux Revües des mois de Novembre & Decembre precédens, ſoient payez par forme de ſupplement ſur ladite Revüe de Janvier de ce qu'ils auroient deû recevoir, tant pour le payement des effectifs, que pour leurs appointemens, ſi leurs Compagnies s'eſtoient trouvées aux Revües deſdits deux mois de Novembre & Decembre, au même nombre qu'elles ſe trouveront en Janvier, Et que pareil decompte leur ſoit fait ſur la Revüe d'Avril, pour les mois de Fevrier & Mars precedens.

Traittement de la Cavalerie & des Dragons.

LXXIII.

Carabiniers.

CHAQUE Compagnie du Regiment Royal des Carabiniers continuëra d'eſtre payée à raiſon de ſix livres par jour au Capitaine; de trois livres au premier Lieutenant; de quarante-cinq ſols au Lieutenant en ſecond; de trente ſols au Mareſchal des Logis; de neuf ſols à chacun des deux Brigadiers; & de huit ſols à chacun des trente-neuf Carabiniers, y compris le Trompette, ainſi que le Timballier des Compagnies où il doit en avoir un, outre le fourage qui ſera fourni à raiſon d'une ration pour chaque Brigadier, Carabinier, Trompette & Timballier, ſans aucune retenuë pour la remonte.

LXXIV.

Maſſe des Carabiniers.

IL ſera de plus payé par Sa Majeſté un ſol par jour pour chaque Brigadier, Carabinier, Trompette ou Timballier, à raiſon de quarante-un hommes par Compagnie, à titre de maſſe montant à ſoixante-une livres dix ſols par mois, faiſant Sept cens trente-huit livres par an, laquelle ſera remiſe par le Treſorier à l'Officier chargé du détail de chaque Brigade, ſuivant les ordres du Directeur ou de l'Inſpecteur, viſez du Colonel General de la Cavalerie.

Remonte des Carabiniers.

Il ſera auſſi payé tous les ans, ſur les ordres qui en ſeront expediez, la ſomme de Quatorze cens livres à chaque Capitaine de Carabiniers pour luy tenir lieu de remonte.

211.

Du 1er Octobre 1720.

LXXV.

Le Major & l'Ayde-Major qui sont en chacune des cinq Brigades dudit Regiment, recevront, Sçavoir, le Major sept livres par jour, & l'Ayde-Major trois livres dix sols aussi par jour. Major & Ayde-Major de Carabiniers.

LXXVI.

Les Officiers de Carabiniers continuëront d'estre payez des Pensions qu'il a plû à Sa Majesté d'attacher à leurs charges, conformement à l'Estat que Sa Majesté en fera expedier tous les ans. Pensions des Officiers de Carabiniers.

LXXVII.

Dans les autres Regimens de Cavalerie Françoise, chaque Compagnie sera composée d'un Capitaine en pied; d'un Capitaine en second; d'un premier Lieutenant; d'un Lieutenant en second; d'un Mareschal des Logis; de deux Brigadiers, & de trente-neuf Cavaliers, y compris le Trompette, ainsi que le Timballier dans les Compagnies qui doivent en avoir, Et sera payée à raison de six livres par jour au Capitaine en pied; de trois livres au Capitaine en second; de cinquante sols au premier Lieutenant; de trente-trois sols quatre deniers au Lieutenant en second; de vingt-huit sols au Mareschal des Logis; de huit sols à chacun des deux Brigadiers; & de sept sols à chaque Cavalier, Trompette & Timballier, sans aucune retenüe pour la remonte, outre une Ration de fourage qui sera fournie par jour à chaque Brigadier, Cavalier, Trompette & Timballier. Cavalerie Françoise,

LXXVIII.

Les Gardes du Corps reformez, que Sa Majesté a bien voulu entretenir dans le nombre desdits Cavaliers auront dix sols par jour, au lieu de sept que doivent recevoir les autres Cavaliers. Gardes du Corps reformez, entretenus dans les Regimens de Cavalerie.

LXXIX

Il sera payé dans la Compagnie Colonelle du Regiment du Colonel General de la Cavalerie deux Sous-Lieutenans à raison de cinquante sols chacun par jour; il sera aussi payé deux Cornettes dans ladite Compagnie Colonelle Generale à raison de trente-sept sols six de- Sous-Lieutenans & Cornettes dans la Colonelle du Regiment du Colonel General.

niers chacun par jour, au moyen de quoy il n'y sera point entretenu de Capitaine, ni de Lieutenant en second.

LXXX.

Lieutenans & Cornettes dans la Compagnie du Mestre de Camp & Commissaire General.

DANS chacune des Compagnies du Mestre de Camp General, & du Commissaire General de la Cavalerie il y aura deux Lieutenans payez à raison de cinquante sols chacun par jour, & deux Cornettes à raison de trente-sept sols six deniers chacun; au moyen de quoy il n'y aura point de Capitaines ni de Lieutenans en second à la suite desdites deux Compagnies.

LXXXI.

Masse de la Cavalerie.

OUTRE la solde cy-dessus qui sera payée sans aucun retranchement ausdits Brigadiers, Gardes du Corps reformez, Cavaliers, Trompettes & Timballiers, ils auront encore un sol par jour chacun, sur le pied de quarante-un hommes par Compagnie, dont le fonds restera entre les mains du Tresorier, pour composer dans chaque Compagnie une masse destinée à son habillement, montant à soixante-une livres dix sols par mois, & Sept cens trente-huit livres par an; de laquelle masse le Tresorier donnera sa reconnoissance à l'Officier chargé du détail du Regiment, pour estre payée sur les ordres de main-levée du Directeur ou de l'Inspecteur dans le département duquel se trouvera le Regiment, visé du Colonel General de la Cavalerie.

LXXXII.

Major & Ayde-Major de Cavalerie.

LE Major & l'Ayde-Major entretenus dans chaque Regiment de Cavalerie seront payez, Sçavoir, le Major à raison de six livres par jour, & l'Ayde-Major de trois livres six sols huit deniers par jour.

LXXXIII.

Pensions de Lieutenant-Colonel & Major.

CHAQUE Lieutenant-Colonel en pied de Cavalerie Françoise, aura Six cens livres de Pension par an, outre les appointemens qu'il reçoit en qualité de Capitaine; Et chaque Major Cinq cens livres, conformement à l'Etat que Sa Majesté en fera expedier.

LXXXIV.

Pensions du Colonel Ge-

LE Colonel General & le Mestre de Camp General

Du 1.er Octobre 1720

de la Cavalerie continueront de joüir de la Pension qu'ils reçoivent esdites qualitez, Sçavoir, le Colonel General de Six mille livres, Et le Mestre de Camp General de Quatre mille cinq cens livres. neral & du Mestre de Camp General.

LXXXV.

CHAQUE Capitaine en pied de Cavalerie Françoise, outre les appointemens cy-dessus reglez, recevra encore Mille cinquante livres par an, sur les Etats qui en seront expediez pour la remonte de sa Compagnie. Remonte de la Cavalerie Françoise.

LXXXVI.

SA Majesté ayant jugé à propos par son Ordonnance du 15. Octobre dernier, de mettre sur le pied François le Regiment cy-devant de Courcillon, & à present Bethune; Son intention est qu'il continuë d'estre payé en conformité de ladite Ordonnance; que le Major qui y a esté depuis remis, y reçoive les mêmes Appointemens que ceux des Regimens François; que les Pensions de Six cens livres attachées à la charge de Lieutenant Colonel, & Cinq cens livres à celle de Major, leur soient aussi payées sur les Etats qui seront expediez; Et que les Officiers ausquels il a esté accordé des Pensions, par forme de supplement d'appointemens jusqu'à ce qu'ils passent à d'autres employs, en soient payez tant qu'ils subsisteront dans ceux dont ils ont esté pourveûs par ladite Ordonnance du 15. Octobre 1719. sans tirer à consequence pour ceux qui leur succederont. Regiment, cy-devant Courcillon, & à present Bethune.

LXXXVII.

LES Mestres de Camp & Lieutenans-Colonels reformez continüeront d'estre payez dans leurs Provinces; Sa Majesté se reservant de les employer lors qu'il conviendra au bien de son Service. Mestres de Camp & Lieutenans-Colonels reformez de Cavalerie.

LXXXVIII.

QUANT aux Capitaines & Lieutenans reformez qui sont à la suite des Regimens de Carabiniers & de Cavalerie Françoise, ils seront payez par an; Sçavoir, les Capitaines qui ont eû des Compagnies, ou obtenu des Commissions de Capitaines reformez pendant les Guerres precedentes, finies par la paix d'Utreck, à raison de Mille Capitaines & Lieutenans reformez de Cavalerie Françoise.

quatre-vingt livres; Et ceux qui n'ont obtenu ce grade que depuis, à raison de Huit cens livres; les Lieutenans qui ont esté en pied, ou qui ont esté Cornettes, ou qui ont esté entretenus Lieutenans reformez avant ladite paix, à raison de Six cens livres; Et ceux qui ont obtenu des reformes depuis sans avoir esté en pied, à raison de Quatre cens soixante-quinze livres, à la reserve de ceux qui ont obtenu ou obtiendront des ordres particuliers de Sa Majesté, sur lesquels ils seront payez.

L'Intention de Sa Majesté est aussi que les Officiers reformez de Cavalerie attachez aux Places, y faisant le Service, soient payez par an à raison de Huit cens livres par Capitaine, Et de Quatre cens soixante-quinze livres par Lieutenant.

LXXXIX.

Officiers reformez de Cavalerie, Partisans.

A l'égard des Officiers reformez attachez aux Places Frontieres, y faisant le Service en qualité de Partisans, ils continüeront d'y estre payez comme par le passé.

XC.

Cavalerie Irlandoise de Nugent.

LE Regiment de Cavalerie Irlandoise de Nugent sera entretenu & payé sur le pied des Regimens de Cavalerie Françoise, à l'exception des Capitaines en second qui auront quatre livres par jour chacun; des Lieutenans en second qui recevront trente-huit sols onze deniers par jour; & de l'Aumônier qui y a esté conservé, lequel aura trente sols aussi par jour.

XCI.

Officiers reformez à la suite du Regiment de Nugent.

A l'égard des Officiers reformez à la suite dudit Regiment, ils continüeront d'estre payez à raison de six livres deux sols trois deniers par jour à chaque Mestre de Camp; de cinq livres seize sols huit deniers à chaque Lieutenant-Colonel; de quatre livres à chaque Capitaine, & de trente-huit sols onze deniers à chaque Lieutenant; à la reserve de ceux qui ont obtenu ou qui obtiendront des ordres particuliers de Sa Majesté, sur lesquels ils seront payez.

XCII.

Regiment Royal Allemand.

CHAQUE Compagnie du Regiment Royal Allemand Cavalerie, doit estre payée à raison de six livres

par

Du 1.er Octobre 1720. 213.

par jour au Capitaine en pied ; de trois livres au Capitaine en second ; de trois livres au premier Lieutenant ; de trente-trois sols quatre deniers au Lieutenant en second ; de trente sols au Mareschal des logis ; de neuf sols à chacun des trois Brigadiers ; & de sept sols à chaque Cavalier, Cadet, Trompette & Timballier, jusqu'au nombre de trente-huit : Il sera encore payé un sol par jour à chaque Cadet qui passera en Reveüe entre les Cavaliers, suivant le certificat du Commandant du Regiment ; Il sera de plus fourni une ration de fourrage par jour à chacun desdits Brigadiers, Cavaliers Cadets, Trompettes & Timballiers.

XCIII.

L'ESTAT Major dudit Regiment Royal Allemand sera payé à raison de six livres treize sols quatre deniers par jour au Mestre de Camp ; de cinq livres à chacun des deux Lieutenans Colonels ; de huit livres six sols huit deniers à chacun des deux Majors, tant pour leurs appointemens de Major, que pour leur tenir lieu d'appointemens de Capitaine ; de cinquante-trois sols quatre deniers à chacun des deux Aydes-Majors ; de vingt-six sols huit deniers au Mareschal des logis ; de trente-trois sols quatre deniers au Prevost ; de vingt-six sols huit deniers à son Lieutenant ; de vingt sols au Greffier ; de vingt-six sols huit deniers au Chirurgien, & de quinze sols à chacun des quatre Archers, & à l'Executeur : Entendant cependant Sa Majesté, que le S.r Daremberg premier Lieutenant Colonel dudit Regiment joüisse en ladite qualité des Deux cens livres d'appointemens par mois, qui luy sont reglez par l'Ordonnance particuliere qu'Elle a fait expedier le huit Janvier dernier, sans tirer à consequence pour ceux qui luy succederont. Estat Major du Regiment Royal Allemand.

XCIV.

CHAQUE Capitaine en pied dudit Regiment Royal Allemand recevra la somme de Douze cens cinquante livres par an pour la remonte de sa Compagnie. Remonte dudit Regiment.

XCV.

LES Officiers dudit Regiment Royal Allemand con- Pensions des

Officiers du Regiment Royal Allemand.

tinuëront de joüir des Pensions attachées à leurs Charges, & en seront payez conformement à l'Etat que Sa Majesté en fera expedier.

XCVI.

Masse dudit Regiment Royal Allemand.

OUTRE la Solde cy-dessus, qui sera payée sans aucun retranchement aux Brigadiers, Cavaliers, Cadets, Trompettes & Timballiers dudit Regiment Royal Allemand, ils auront encore chacun un sol par jour, dont le fonds restera entre les mains du Tresorier, ainsi que dans la Cavalerie Françoise, pour y composer une masse montant à soixante-une livres dix sols par mois pour chacune Compagnie, faisant Sept cens trente-huit livres par an, destinée à l'habillement, & estre distribuée & payée suivant les ordres du Directeur ou de l'Inspecteur, visez du Colonel General de la Cavalerie.

XCVII.

Regiment de Rottembourg

CHAQUE Compagnie du Regiment de Cavalerie Estrangere de Rottembourg sera payée à raison de six livres par jour au Capitaine en pied; de trois livres au Capitaine en second; de trois livres au premier Lieutenant; de trente-trois sols quatre deniers au second Lieutenant; de vingt-huit sols au Mareschal des Logis; de huit sols à chacun des deux Brigadiers; & de sept sols à chacun des trente-neuf Cavaliers, compris le Trompette & le Timballier; outre le fourrage qui sera fourni aux Brigadiers, Cavaliers, Trompettes & Timballiers.

XCVIII.

Estat Major du Regiment de Rottembourg.

L'ESTAT Major dudit Regiment de Rottembourg sera payé à raison de trois livres six sols huit deniers par jour au Mestre de Camp; de quarante sols au Lieutenant-Colonel; de huit livres dix sols au Major; de trois livres à l'Ayde-Major; de treize sols quatre deniers au Chirurgien; de treize sols quatre deniers à l'Auditeur; & de sept sols six deniers au Greffier, & à chacun des trois Archers & à l'Executeur.

XCIX.

Hussarts de Rattky & de Berchiny.

CHAQUE Compagnie des Regimens de Hussarts de Rattky, & de Berchiny doit estre payée à raison par jour de six livres au Capitaine en pied; de trois livres au Capitaine en second; de trois livres au premier Lieutenant; de trente-trois sols quatre deniers au second Lieutenant; de vingt-huit sols au Mareschal des Logis, de neuf sols à chacun des deux Brigadiers, & de sept sols à chacun des trente-neuf Hussarts, le Trompette & le Timballier compris, outre le fourrage qui sera fourni aux Brigadiers, Hussarts, Trompette & Timballier.

C.

L'ESTAT Major desdits Regimens de Hussarts de Rattky, & de Berchiny sera payé à raison de trois livres six sols huit deniers par jour au Mestre de Camp; de quarante sols au Lieutenant Colonel; de huit livres dix sols au Major; de trois livres à l'Ayde-Major; & de treize sols quatre deniers au Chirurgien.

Estat Major des Regimens de Rattky & de Berchiny.

CI.

OUTRE la solde cy-dessus qui sera payée sans aucun retranchement aux Brigadiers, Cavaliers, Hussarts, Trompettes & Timballiers desdits Regiments de Rottembourg, & Hussarts de Rattky & de Berchiny, ils auront encore un sol chacun par jour, dont le fonds restera entre les mains du Tresorier ainsi que dans la Cavalerie Françoise, pour y composer une masse montant à soixante-une livres dix sols par mois pour chacune Compagnie, faisant Sept cens trente-huit livres par an, destinée à l'habillement, & estre distribuée & payée suivant les ordres du Directeur ou de l'Inspecteur, visez du Colonel General de la Cavalerie.

Masse des Regimens de Rottembourg & Hussarts de Rattky & de Berchiny.

CII.

CHAQUE Capitaine desdits Regimens de Rottembourg, Rattky & de Berchiny recevra, ainsi que ceux de la Cavalerie Françoise, Mille cinquante livres par an pour la remonte de sa Compagnie.

Remonte desdits Regimens.

CIII.

QUANT aux Officiers reformez qui sont à la suite desdits Regimens Royal Allemand, & Rottembourg Cavalerie Estrangere, Et ceux de Hussarts de Rattky & de Berchiny, ils seront payez à raison de Dix-huit cens livres

Officiers reformez des Regimens Royal Allemand, Rottembourg, Rattky & de Berchiny.

par an à chaque Mestre de Camp & Lieutenant-Colonel; de Mille quatre-vingt livres à chaque Capitaine; Et de Cinq cens une livres à chaque Lieutenant, à la reserve de ceux ausquels il a esté ou sera expedié des ordres particuliers, suivant lesquels ils doivent estre payez.

CIV.

Dragons.

LES Compagnies de Dragons qui sont composées d'un Capitaine en pied, d'un Capitaine en second, d'un premier Lieutenant, d'un Lieutenant en second, d'un Mareschal des Logis, de deux Brigadiers & trente-neuf Dragons compris un Tambour, seront payées à raison de cinq livres dix sols par jour au Capitaine en pied; de deux livres quinze sols au Capitaine en second; de deux livres cinq sols au premier Lieutenant; de trente sols au Lieutenant en second; de vingt-cinq sols au Mareschal des Logis; de sept sols six deniers à chacun des deux Brigadiers; & de six sols six deniers à chacun des trente-neuf Dragons y compris le Tambour, sans aucune retenuë; il sera de plus fourni à chacun desdits Brigadiers, Dragons, & Tambour une Ration de fourrage par jour.

CV.

Dragons, cy-devant Gardes du Corps.

CEUX desdits Dragons qui auront cy-devant esté Gardes du Corps de Sa Majesté, continüeront de toucher dix sols par jour, au lieu de six sols six deniers que doivent recevoir les autres Dragons.

CVI.

Masse des Dragons.

IL sera de plus payé pour chacun desdits quarante-un Brigadiers, Dragons & Tambour, sur le pied complet, un sol par jour pour composer une masse destinée à leur habillement, dont le fonds restera entre les mains du Tresorier, pour estre distribué suivant les ordres du Directeur ou de l'Inspecteur, visez du Colonel General des Dragons.

CVII.

Capitaines-Lieutenans, Sous-Lieutenans & Cornette de la Compagnie generale.

DANS la Compagnie Generale des Dragons il y aura deux Capitaines-Lieutenans, qui seront payez à raison de quarante-cinq sols chacun par jour; deux Sous-Lieutenans à raison de trente-trois sols quatre deniers chacun par jour; & un Cornette à raison de trente sols.

CVIII.

(Du 1er octobre 1720. 215.

CVIII.

OUTRE le Lieutenant qui est entretenu dans la Compagnie Mestre de Camp General à raison de quarante-cinq sols par jour, Et du Cornette qui est payé à trente sols par jour, il y aura encore un Capitaine-Lieutenant qui sera aussi payé sur le pied de quarante-cinq sols par jour, Et un second Cornette à raison de trente sols; au moyen de quoy il n'y aura point de Capitaine ni de Lieutenant en second dans ladite Compagnie.

Capitaine-Lieutenant & les deux Cornettes de la Compagnie Mestre de Camp General.

CIX.

CHAQUE Capitaine de Dragons, outre les Appointemens cy-dessus reglez, recevra par an sur les Estats qui en seront expediez, la somme de Mille livres pour luy tenir lieu de remonte.

Remonte des Dragons.

CX.

L'ESTAT Major d'un Regiment de Dragons sera payé à raison de dix livres par jour au Mestre de Camp; de cinq livres dix sols au Major; & de trois livres un sol huit deniers à l'Ayde-Major.

Estat Major d'un Regiment de Dragons.

CXI.

LES Mestres de Camp & Lieutenans-Colonels reformez de Dragons, continuëront d'estre payez dans leurs Provinces; Sa Majesté se reservant de les employer lorsqu'il conviendra au bien de son service.

Mestres de Camp & Lieutenans-Colonels reformez de Dragons.

CXII.

QUANT aux Capitaines & Lieutenans reformez qui sont attachez à la suite des Regimens de Dragons, ils seront payez par an; Sçavoir, les Capitaines qui ont eû des Compagnies ou obtenu des Commissions pour avoir servi les Guerres precedentes, finies par la Paix d'Utreck, à raison de Neuf cens quatre-vingt-dix livres; Et ceux qui n'ont obtenu ce grade que depuis, à raison de Sept cens quarante-deux livres dix sols: les Lieutenans qui ont esté entretenus en pied ou qui ont esté Cornettes avant ladite Paix, à raison de Cinq cens quarante livres, Et ceux qui ont obtenu des reformes depuis sans avoir esté en pied, à raison de Quatre cens cinq livres, à la reserve de ceux qui ont obtenu ou obtiendront des ordres particuliers de

Capitaines & Lieutenans reformez de Dragons.

Sa Majesté, sur lesquels ils seront payez.

CXIII.

Officiers reformez de Dragons, Partisans & autres.

A l'égard des Officiers reformez de Dragons attachez aux Places Frontieres, y faisant le service, tant en qualité de Partisans, qu'en celle d'Officiers de Dragons, ils continuëront d'y estre payez par an, comme par le passé, à raison de Cinq cens quarante livres par Capitaine, Et de Trois cens soixante livres par Lieutenant; à la reserve de ceux qui ont obtenu ou obtiendront des ordres particuliers de Sa Majesté, sur lesquels ils seront payez.

Pensions des Officiers des Regimens de Dragons.

Outre les appointemens cy-dessus specifiez, les Officiers de Dragons continuëront de recevoir les Pensions attachées à leurs Charges, conformement à l'Estat que Sa Majesté en sera expedier tous les ans.

CXIV.

Augmentations de solde en Route.

LORSQUE les Troupes d'Infanterie, Cavalerie & Dragons, tant Françoises qu'Estrangeres, marcheront sur des routes de la Cour dans le dedans du Royaume, il sera payé aux presens & effectifs seulement, dans les lieux où elles ne recevront point l'Etape, une augmentation de solde même pour les 31. des mois, quoyqu'elles n'ayent point de payes pour ledit jour; Sçavoir, par jour vingt sols à chaque Capitaine en pied, en second ou reformé, Major & Ayde-Major; dix sols à chaque Lieutenant en pied, en second, reformé ou Enseigne; cinq sols à chaque Marefchal des Logis de Cavalerie & Dragons; deux sols à chaque Sergent; un sol à chaque Soldat, Brigadier, Carabinier, Cavalier, Hussar, & Dragon; Et dix sols à chaque Chirurgien & Aumônier; Observant que ladite augmentation ne doit point avoir lieu pour les jours de leur arrivée dans les Garnisons ou Quartier. Les Colonels, Mestres de Camp, Lieutenans-Colonels en pied, ou Commandans de Bataillons, ne joüiront de ladite augmentation qu'en qualité de Capitaine, Et les Colonels, Mestres de Camp, & Lieutenans-Colonels reformez, ausquels il a esté expedié des ordres particuliers pour leur permettre de suivre leur corps, recevront aussi l'augmentation de vingt sols par jour s'ils sont presens.

216.

(Du 1.er Octobre 1720.

Il ne sera payé aucune augmentation aux Troupes qui marcheront sur la Frontiere de Champagne, dans les trois Eveschez, en Alsace, ou dans les Places qui sont au-delà de la Somme, & de l'Oise; Et dans quelque lieu du dedans du Royaume que ce soit, si le mouvement se fait dans la même Province, elles n'en joüiront point, à moins que la marche ne soit de plus de cinq jours.

Dans les lieux où lesdites Troupes séjourneront plus de trois jours pendant leurs marches, elles cesseront de recevoir ladite augmentation jusqu'à ce qu'elles recommencent à marcher.

Il sera donné pendant les marches, dans les Places où l'Etappe sera fournie, six deniers par jour à chaque Sergent, Soldat, Brigadier, Carabinier, Cavalier, Hussar & Dragon, pour s'entretenir de linge & de chaussure.

MANDE & Ordonne Sa Majesté aux Gouverneurs, & à ses Lieutenans Generaux en ses Provinces, aux Gouverneurs, ou Commandans dans ses Villes & Places, aux Intendans en sesdites Provinces & sur les Frontieres, aux Directeurs & Inspecteurs Generaux sur ses Troupes, aux Commissaires de ses Guerres, & à tous autres ses Officiers qu'il appartiendra, de tenir la main à l'execution de la Presente. FAIT à Paris le premier jour d'Octobre, mil sept cens vingt. *Signé* LOUIS. *Et plus bas*, LE BLANC.

www.ingramcontent.com/pod-product-compliance
Ingram Content Group UK Ltd.
Pitfield, Milton Keynes, MK11 3LW, UK
UKHW032012260826
14628UKWH00005B/2447

9 782329 358802